BEI GRIN MACHT SICH IHR WISSEN BEZAHLT

AF135764

- Wir veröffentlichen Ihre Hausarbeit,
  Bachelor- und Masterarbeit

- Ihr eigenes eBook und Buch -
  weltweit in allen wichtigen Shops

- Verdienen Sie an jedem Verkauf

Jetzt bei www.GRIN.com hochladen
und kostenlos publizieren

GRIN ☺

Bibliografische Information der Deutschen Nationalbibliothek:

Die Deutsche Bibliothek verzeichnet diese Publikation in der Deutschen National-
bibliografie; detaillierte bibliografische Daten sind im Internet über http://dnb.d-
nb.de/ abrufbar.

Impressum:

Copyright © 2018 GRIN Verlag
Druck und Bindung: Books on Demand GmbH, Norderstedt Germany
ISBN: 9783346073754

Dieses Buch bei GRIN:

https://www.grin.com/document/468455

Carla Schillings

Trainingsplan für Koordinations- und Beweglichkeitstraining

GRIN Verlag

GRIN - Your knowledge has value

Der GRIN Verlag publiziert seit 1998 wissenschaftliche Arbeiten von Studenten, Hochschullehrern und anderen Akademikern als eBook und gedrucktes Buch. Die Verlagswebsite www.grin.com ist die ideale Plattform zur Veröffentlichung von Hausarbeiten, Abschlussarbeiten, wissenschaftlichen Aufsätzen, Dissertationen und Fachbüchern.

Besuchen Sie uns im Internet:

http://www.grin.com/

http://www.facebook.com/grincom

http://www.twitter.com/grin_com

Deutsche Hochschule für

Prävention und Gesundheitsmanagement

Einsendeaufgabe

Fachmodul: Trainingslehre 3 – Koordination und Beweglichkeit

Studiengang: Gesundheitsmanagement

Datum

Präsenzphase   **03.09.2018 - 05.09.2018**

Name, Vorname: Schillings, Carla

Studienort: **Köln**

Semester: **Wintersemester 2016**

Inhaltsverzeichnis

1 Personendaten

1.1 Allgemeine Daten

Tab. 1: Allgemeine Daten (eigene Darstellung)

Alter	19
Geschlecht	Weiblich
Körpergröße in cm	168
Körpergewicht in kg	60
Trainingsmotive	Beweglichkeit verbessern im ganzen Körper Verspannungen im oberen Rücken/Nacken lösen
Berufliche Tätigkeit	Schülerin
Heutige sportliche Aktivität	Krafttraining 3x pro Woche (Anfänger – erst 3 Wochen)
Frühere sportliche Aktivität	Schulsport, Reiten 1x pro Woche Dressur im Alter von 8 -16 Jahren (Hobby)
Zeitlicher Verfügungsrahmen	3x in der Woche á 30 Minuten

1.2 Allgemeiner Gesundheitszustand

Tab. 2: Biometrische Daten (eigene Darstellung)

Parameter	Ist-Wert	Soll-Wert
Blutdruck	118/879 mmHg	120-129/80-84 mmHg (WHO, 2015)
Ruhepuls	70	70-80 (Dahm, 2016)
BMI	21,25 kg/m2	18,5 bis 24,9 kg/m2 (Lenz, Richter, Mühlhauser, 2009)
Körperfettanteil	22,00%	8% - 20% (Gallagher et al, 2000)

Tab. 3: Allgemeiner Gesundheitszustand (eigene Darstellung)

Orthopädische Einschränkung	Nicht vorhanden
Internistische Einschränkung	Nicht vorhanden
Ärztliche Behandlungen	Nicht vorhanden
Medikamenteneinnahme	Nicht vorhanden

Im Zusammenhang mit Tabelle 1 hat die Testperson keine Vorerfahrungen im Beweglichkeitstraining und somit wird ein Beweglichkeitstraining für Anfänger ohne Vorerfahrung erarbeitet. Das Koordinationstraining wird aufgrund des Dressurreitens ein wenig fortgeschrittener gestaltet.

Aufgrund von Tabelle 2 und 3 sind keine Einschränkungen im Bezug auf die Belastbarkeit der Person festzustellen.

2 Beweglichkeitstestung

Tab. 4: Beweglichkeitstestung (modifiziert nach Janda, 2000, S. 255, 259, 261, 271)

Getestete Muskulatur	Ergebnis	Normwert
M. pectoralis major	Rechts: 1 Links: 1 linker Oberarm braucht mehr Druck, um Horizontale zu erreichen	Stufe 0: Oberarm erreicht Horizontale Stufe 1: Oberarm erreicht die Horizontale nur durch Druck des Testers Stufe 2: Oberarm erreicht auch nicht durch Druck des Testers die Horizontale
M. iliopsoas	Rechts: 0 Links: 0 kein Unterschied rechts/links	Stufe 0: Oberschenkel erreicht Horizontale Stufe 1: leichte Hüftbeugestellung Oberschenkel erreicht die Horizontale nur durch Druck des Testers Stufe 2: Oberschenkel erreicht Horizontale auch durch Druck des Testers nicht
M. rectus femoris	Rechts: 1 Links: 1 Linker Unterschenkel benötigt weniger Druck für den 90° Kniebeugewinkel	Stufe 0: Unterschenkel hängt senkrecht herab Stufe 1: Unterschenkel erreicht mit Druck des Testers 90° Kniebeugewinkel Stufe 2: Unterschenkel ist deutlich nach vorne gestreckt, auch durch Druck des Testers wird 90° Kniebeugewinkel nicht erreicht
Mm. ischiocrurales	Rechts: 0 Links: 0 Rechts: 100° Links: 110°	Stufe 0: Flexion im Hüftgelenk ist im Ausmaß von 90° Stufe 1: Flexion im Hüftgelenk ist zwischen 80°-90° Stufe 2: Flexion im Hüftgelenk ist unter 80°
Mm. triceps surae	Rechts: 1 (M. gastrocnemius) Links: 1 (M. gastrocnemius) Rechts: 0 (M. soleus) Links: 0 (M. soleus) kein Unterschied rechts/links	Stufe 0: Dorsalextension ist bis zur 0°-Stellung möglich Stufe 1: Dorsalextension ist möglich, aber keine 0°-Stellung Stufe 2: Dorsalextension ist nur bis 10° unter der 0°-Stellung möglich

Die durchgeführte Beweglichkeitstestung nach Janda (2000) ist eine Muskelfunktionsdiagnostik in der eine „Bewegung – von wenigen Ausnahmen abgesehen – in ihrem ganzen Ausmaß untersucht wird" (Janda, 2000, S. 56). Anhand dieses Muskelfunktionstests werden Beweglichkeitsdefizite erfasst und Muskelschwächen kritisch betrachtet. Manuell getestet wurde die Brustmuskulatur (M. pectoralis major), der Hüftbeugemuskel (speziell M. iliopsoas), die Kniestreckmuskulatur (speziell M. rectus femoris), die Kniebeugemuskulatur (Mm. Ischiocrurales) und die Wadenmuskulatur (Mm. triceps surae).

Zuerst getestet wird der M. pectoralis major. Die Ausgangsstellung ist die Rückenlage auf einer Behandlungsliege. Um eine Beckenfixierung sicherzustellen, sind die Beine des Probanden angewinkelt, die Füße liegen auf der Liege auf. Zudem fixiert der Tester den Brustkorb mit der Hand. Das Ellenbogengelenk hat eine 90° Flexion und das Schultergelenk ist in der Abduktion, Retroversion und Außenrotation (Janda, 2000, S. 270).

Die Probandin zeigt leichte Beweglichkeitsdefizite, denn ihr Arm erreicht nur mit leichtem Druck des Testers die Horizontale. Auffällig ist, dass der rechte Arm leichter in die Horizontale gerichtet werden kann und auch der Unterarm eine mehr als horizontale Bewegung erreicht, während der linke Oberarm mit etwas mehr Druck auch in die Horizontale kommt, jedoch der Unterarm leicht schräg nach oben steht.

Die Testausführung (nach Janda, 2000, S. 258) des M. iliopsoas ist in der Rückenlage auf einer Behandlungsliege. Wichtig ist, dass das Gesäß am unteren Rand der Liege platziert wird. Zu Beginn sind beide Beine im Überhang. Danach wird ein Bein mit Hilfe der Hände maximal zum Körper herangezogen in eine Knie- und Hüftflexion. Das getestete Bein ist nun im Überhang und die Extension der Hüfte wird beurteilt. Zur Hilfe kann der Tester das angewinkelte Bein mit an den Körper der Testperson drücken bzw. das Bein im Überhang in eine zur Körperlängstachse horizontale Position bringen. Die andere Möglichkeit einer Fixations ist, die Hand des Testers unter die Lendenwirbelsäule des Probanden zu schieben. Der Proband übt nun Druck auf die Hand aus und eine Fixierung der Lendenwirbelsäule wird erreicht.

Die Ausführung der Testung mit der Probandin war optimal und erreicht auf beiden Seiten eine horizontalen Hüftbeugewinkel.

Auch die Beweglichkeitstestung für den M. rectus femoris nach Janda (2000, S. 258) benötigt die gleiche Ausgangstellung wie die Testung des M. iliopsoas. Die Position des Gesäß an dem Rand der Liege, sowie ein durch den Tester herangeführtes Bein in der Hüft- und Knieflexion ist Grundvoraussetzung für eine Fixation. Das zu testende Bein ist im Überhang und das Hüftgelenk in der maximalen Hüftextension, ohne dass das Becken abhebt oder eine Hyperlordose entsteht. Ziel des Testes ist es, die maximale Flexion im Kniegelenk zu erreichen.

Die Testperson erreicht in beiden Beinen einen 90° Kniebeugewinkel, aber auch erst mit Druck durch den Tester. Im Gegensatz zur rechten Bein, erfolgt die Testung der linken Seite mit weniger Druck, um in den 90° Kniebeugewinkel zu gelangen.

Die Testdurchführung für den Mm. Ischiocrurales nach Janda (2000, S. 261) beginnt mit der Ausgangsstellung in der Rückenlage auf der Liege mit einem angewinkelten Bein. Das andere wird mit einem gestreckten Kniegelenk in die maximale Hüftflexion geführt. Eine Fixation des Knies in der Extension erzielt der Tester.

Die Probandin hat in diesem Muskelfunktionstest keinerlei Beweglichkeitsdefizite. Auffällig ist, dass die Flexion im Hüftgelenk auf der rechten Seite in einem Ausmaß von 100° möglich ist, auf der linken Seite sogar bis 110°.

Die letzte Beweglichkeitstestung erfolgt in dem Mm. triceps surae. Für die Fixierung ist nach Janda (2000, S. 255.) folgende Ausgangsstellung vorgesehen: Rückenlage auf der Behandlungsliege, das zu testende Bein ist gestreckt, das andere ist zur Fixierung in einer Beugung aufgestellt auf der Liege. Die untere Hälfte ragt zur Testung über die Liege hinaus. Der Tester greift mit der Hand distal den Calcaneus, die andere Hand greift um die Fußaußenkante. Mit einem Hauptzug an der Ferse von der Körpermitte weg und der Führung des Vorfußes Richtung Schienbein in die maximale Dorsalextension wird der M. gastrocnemius getestet. Wird das Kniegelenk in die Flexion gerichtet, wird der M. soleus isoliert getestet.

Bei der Probandin gab es keine Unterschiede rechts und links im M. gastrocnemius. Sie erreicht nicht die 0°-Stellung, aber eine Dorsalextension ist festzustellen. Erst mit der Testung des M. soleus und einer Flexion im Kniegelenk wird die 0°-Stellung erreicht.

3 Trainingsplanung Beweglichkeitstraining

Tab. 5: Dehnübung M. pectoralis major (eigene Darstellung)

Muskulatur	Dehnmethode	Ausführung	Belastungsgefüge
M. pectoralis major	Postisometrisch	Das Ellenbogengelenk hat eine 90° Flexion und das Schultergelenk ist in der Abduktion, Retroversion und Außenrotation, der Unterarm wird gegen eine Tür gelehnt für die Dehnung, Partner hält Druck auf die Tür	Sätze: 3 Dauer: 45 Sekunden Intensität: Dehngrenze Häufigkeit: 3x/Woche

Ein Beweglichkeitsdefizit wird im M. pectoralis major beim Beweglichkeitstest festgestellt und aus diesem Grund wird dieser Muskel postisometrisch gedehnt. Die postisometrische Dehntechnik „ist eine Unterform des passivstatischen Dehnens" (Albrecht & Meyer, S.42), deren Vorteile darin liegen, dass „unmittelbar nach der isometrischen Kontraktion die Muskelaktivität vermindert sei und somit der Dehnung weniger Gegenspannung entgegengesetzt werde. Durch die Spannungserhöhung in der Sehne komme es zu einer autogenen Hemmung, verbunden mit einer Entspannung des Muskels" (Albrecht & Meyer, 2015, S.42). Beide Seiten werden gleich gedehnt, obwohl eine leichte Dysbalance zwischen der rechten und der linken Seite herrscht.

Tab. 6: Dehnübung M. trapecius pars descendens (eigene Darstellung)

Muskulatur	Dehnmethode	Ausführung	Belastungsgefüge
M. trapecius pars descendens	Aktiv und passiv, statisch	Gerader Stand, Schultergelenk in Depression, Halswirbelsäule in Lateralflexion (rechts/links), Gegenhand zieht nach unten, andere Hand zieht Kopf weiter in Lateralflexion	Sätze: 3 Dauer: 10 Wiederholungen Intensität: Dehngrenze Häufigkeit: 3x/Woche

Der Trapezmuskel ist durch die sitzenden Tätigkeit in der Schule verspannt. Umso wichtiger, dass sich die Probandin in einem Dehntraining auf diesen Muskel fokussiert. Hierfür wird eine aktiv-passiv statische Dehnübung gewählt, um den Muskel auf zwei verschiedene Varianten in einer Übung zu dehnen. Die aktiv-passive Dehnmethode nutzt damit das Prinzip der reziproken Hemmung und kontrolliert zudem aktiv das durch die Dehnung gewonnene Bewegungsausmaß (Lindel, 2006, S. 32)

Tab. 7: Dehnübung M. trapecius, M. sternocleidomastoideus (eigene Darstellung)

Muskulatur	Dehnmethode	Ausführung	Belastungsgefüge
M. trapecius M. sternocleidomastoideus	Passiv – statisch	Gerader Stand, Schultergelenk in Depression, Flexion Halswirbelsäule (Kinn Richtung Brustkorb),	Sätze: 3 Dauer: 45 Sekunden Intensität: Dehngrenze Häufigkeit: 3x/Woche

Der Bereich des oberen Rücken/M. trapecius wird ein zweites Mal aufgeführt, da in diesem Bereich die muskulären Verspannungen der Probandin liegen und ihr Trainingsmotiv ist die muskulären Verspannungen zu lösen. Diesmal wird der M. tarpecius, und der M. sternocleidomastoideus postisometrische gedehnt. Die Form des Dehnens hilft dabei, „zu spüren, wo die Dehnung und die Entspannung im Körper sein soll" (Albrecht & Meyer, 2015, S.42).

Tab. 8: Dehnübung M. triceps brachii, M. latissimus dorsi (eigene Darstellung)

Muskulatur	Dehnmethode	Ausführung	Belastungsgefüge
M. triceps brachii M. latissimus	Passiv - statisch	Gerader Stand, Schultergelenk in Abduktion, Retroversion und Außenrotation, Ellenbogengelenk in Flexion, vertieft	Sätze: 3 Dauer: 45 Sekunden Intensität: Dehngrenze

dorsi		Dehnposition mit Druck auf Ellenbogen, Kopf bleibt gerade	Häufigkeit: 3x/Woche

Da die Probandin allgemein ihre Beweglichkeit verbessern möchte, werden auch Muskelgruppen hinzugenommen, die weder den Beweglichkeitstest gemacht haben, noch hat sie dort nach dem subjektiven Empfinden Verspannungen. Für die richtige Ausführung wird die Dehnübung erst einmal passiv-statisch ausgeführt. Die ersten Übungen werden im Stehen gemacht, da sie tagtäglich mehrere Stunden sitzt und nun das Stehen sinnvoll ist.

Tab. 9: Dehnübung M. erectus spinae (eigene Darstellung)

Muskulatur	Dehnmethode	Ausführung	Belastungsgefüge
M. erectus spinae	Aktiv-dynamisch	Vierfüßlerstand, Hände und Füße auf den Boden,Knie- und Hüftgelenk in 90° Flexion, Wirbelsäule geht abwechselnd in eine Extension und Flexion	Sätze: 3 Dauer: 10 Wiederholungen Intensität: Dehngrenze Häufigkeit: 3x/Woche

Die aktiv-dynamische Dehnung der autochtonen Rückenmuskulatur ist besonders wichtig aufgrund des sitzendenen Alltags. Die gesamte Wirbelsäule wird in einer Extension und Flexion aktiviert und gedehnt.

Tab. 10: Dehnübung M. pectoralis major (eigene Darstellung)

Muskulatur	Dehnmethode	Ausführung	Belastungsgefüge
M. rectus femoris	Aktiv – dynamisch	Ausfallschritt, hinteres Knie am Boden, Knie in Flexion, Hand greift über dem Sprunggelenk, zieht Unterschenkel weiter in eine Kniegelenkflexion	Sätze: 3 Dauer: 10 Wiederholungen Intensität::Dehngrenze Häufigkeit: 3x/Woche

Der M. rectus femoris hat bei dem Beweglichkeitstest nur Stufe 1 erreicht. Deswegen wird die Probandin beim Dehnprgramm bis an die Dehngrenze gehen. In dem Bereich wurden die größten Erfolge gemessen nach Schönthaler und Ohlendorf (2002). „Eine Verbesserung der aktiven Beweglichkeit kann im Rahmen von sportartspezifischem Beweglichkeitstraining mittels dynamischer Dehnübungen sehr wohl erreicht werden" (Höss-Jelten, 2003, S. 19) und deswegen ist es umso wichtiger, dass die Probandin ein Dehnübungsprogramm zu ihrem Krafttraining einhält.

Tab. 11: Dehnübung M. ischiocrurales (eigene Darstellung)

Muskulatur	Dehnmethode	Ausführung	Belastungsgefüge
M. ischiocrurales	Passiv – statisch	Kniegelenk in Extension, Flexion Hüftgelenk mit geradem Rücken, Hände Richtung Boden	Sätze: 3 Dauer: 45 Sekunden Intensität: Dehngrenze

Tab. 12: Dehnübung M. glutaeus maximus (eigene Darstellung)

Muskulatur	Dehnmethode	Ausführung	Belastungsgefüge
M. glutaeus maximus	Passiv-statisch	Rückenlage, ein Kniegelenk in Flexion, Hände umfassen Kniegelenk und ziehen es Richtung Brust, Flexion in Hüftgelenk	Sätze: 3 Dauer: 45 Sekunden Intensität: Dehngrenze Häufigkeit: 3x/Woche

Die ischiocrurale Muskulatur, der M. glutaeus maximus, werden mit in das Dehnprogramm genommen, um Abwechslung zu dem sitzenden Alltag zu nehmen. Bei der ischiocruralen Muskulatur wurde bei dem Beweglichkeitstest eine überdurchschnittliche Beweglichkeit festgestellt und um diese zu erhalten, wird diese Übung weiterhin passiv-statisch ausgeführt.

Tab. 13: Dehnübung M. gastrocnemius, M. soleus (eigene Darstellung)

Muskulatur	Dehnmethode	Ausführung	Belastungsgefüge
M. gastrocnemius M. soleus	Aktiv-dynamisch	Ausfallschritt nach vorne, beide Füße gerade nach vorne gerichtet, vordes Kniegelenk leichte Flexion, andere Knie leicht nach vorne schieben, Oberkörper leichte Vorlage , Ferse in Plantarflexion auf dem Boden	Sätze: 3 Dauer: 10 Wiederholungen Intensität: Dehngrenze Häufigkeit: 3x/Woche

Auch in dem M. gastrocnemius wurde ein Beweglichkeitsdefizit festgestellt. Wie bei den anderen Übungen, die im Defizit sind, wird dieser Muskel aktiv-dynamisch gedehnt, um die Beweglichkeit in der Bewegung zu fördern. Oftmals sind dynamische Dehnmethoden motivierender als statische, deswegen sind die Defizitbereiche zur Motivation des dynamischen Dehnens sinnvoll (Lindel, 2006, S. 20). Außerdem kann bei dieser Übung mit ein wenig Schwung gearbeitet werden durch die dynamische Ausführung, damit genügend Kraft für eine Dehnung zu Stande kommt (Sampel, Stolz, Zisch, 2007, S. 14).

Tab. 14: Dehnübung M. tibialis anterior, langer Strecker des Fußes und der Zehen (eigene Darstellung)

Muskulatur	Dehnmethode	Ausführung	Belastungsgefüge
M. tibialis anterior, langer Strecker des Fußes und der Zehen	Postisometrisch	Langsitz, Partner greift mit Händchen auf unteren Teil des Fußes und drückt diesen leicht nach unten	Sätze: 3 Dauer: 45 Sekunden Intensität: Dehngrenze Häufigkeit: 3x/Woche

Zuletzt wird als Antagonist des zuvor aktiv-dynamisch gedehnten M. gastrocnemius, der M. tibialis anterior postisometrisch gedehnt, um die Aktivierung der Übung zuvor wieder zu entspannen.

Begründung:

Als Trainingsbeginnerin macht die Probandin nach Rancour, Holmes und Cipriani (2009) mit drei Trainingseinheiten in der Woche schon Fortschritte.

Beim statischen Dehnen wird „der Muskel langsam und kontrolliert in eine maximale Dehnposition gebracht und in dieser Stellung längere Zeit gehalten" (Lindel, 2006, S. 31). Die passiv-statische Dehnmethode ist in dem Fall der Probandin besonders wichtig, da sie eine Anfängerin ist ohne Vorerfahrung im Dehnbereich. Laut Jordan und Schwichtenberg (2005, S. 44) wird nach Ablauf von 45 Sekunden kein nennenswertes Ergebnis festgestellt. Somit hält sich der Trainingsplan zum Dehntraining an der 45 Sekunden Dauer. „Durch das statische Dehnen kann die zu dehnende Muskelgruppe genauer erfühlt werden als durch das dynamische Dehnen" (Wydra, G. Glück, S., 1999). Die passiv-statischen Übungen werden genutzt, um die Beweglichkeit in der Muskulatur beizubehalten, die beim Beweglichkeitstest optimal waren.

Freiwald (2004) empfiehlt eine Wiederholungszahl bei der dynamischen Dehnung von zehn bis fünfzehn Wiederholungen. Da die Probandin jedoch gerade mit dem Dehntraining beginnt, sind zehn Wiederholungen vorgesehen.

In der Trainingsweise dynamisches Dehnen sollte behutsam, gefühlvoll und nur bis an die Grenzen der Schmerzempfindung vorgegangen werden. Anfangs nicht zu stark dehnen, jedoch mehrfach wiederholend (10 - 15x) und auf keinen Fall ruckhaft. Nach gezielten Dehnübungen erfolgt unbedingt eine Muskellockerung durch zweckgymnastische Lockerungsübungen in Form von freiem Ausschütteln und Schwingen der betreffenden Muskelpartien und Extremitäten. (Grosser 1972, S. 50)

Bei der postisometrischen Dehnung wird der Muskel mit „geringer Kraft in die eingeschränkte Bewegungsrichtung geführt und vor seiner Verlängerung isometrisch aktiviert. Anschließend wird er entspannt und seine Ursprungs-Ansatz-Distanz vergrößert. Das Procedere wird mehrfach wiederholt, bis eine maximale Verlängerung des Muskels bzw. Vergrößerung des ROM erreicht wird" (Lindel, 2006, S. 31).

Für die postisometrische Dehnung gilt aus diesem Grund eine Zeit von etwa 60 Sekunden. Die Phase der isometrischen Kontraktion sollte für sechs bis acht Sekunden gehalten werden. Die Entspannungsphase sollte zwei bis drei Sekunden dauern, während die Dehnung zehn bis zwanzig Sekunden ausgeführt wird. Diese Reihenfolge wird ca. zwei bis drei mal in 60 Sekunden wiederholt (Schnabel, Harre, Krug, Borde, 2005, S. 285).

Die Trainingsmotive der Kundin liegen einerseits in der Verbesserung der Beweglichkeit und der Verbesserung der Verspannungen. Folgende Studien bestätigen eine Vergrößerung der Bewegungsreichweite Range of Movement (ROM) durch ein regelmäßiges Dehntraining (Corbin, 1984; Hardy & Jones, 1986). Um die Dehneinheit auch im Sinne der Verbesserung der Verspannungen zu sehen, wird die Herabsetzung der Ruhespannung in Anderson (1980) und O'Neil (1976) bewiesen.

4   Trainingsplanung Koordinationstraining

Tab. 15: Trainingsplanung Koordinationstraining (eigene Darstellung)

Übung	Durchführung	Belastungsgefüge
Vorübung auf Balancepad geöffnete Augen „kurzer Fuß" nach Janda (Material: Balance Pad)	Beidbeiniger, hüftbreiter Stand auf Balance Pad, Fußgewölbe anziehen	Sätze: 3 Satzpausen: 15 Sek. Belastungsdauer: 45Sek. Häufigkeit/Woche: 2
Linienstand geöffnete Augen (Material: Balance Pad)	Beidbeiniger Stand, Füße voreinander in einer Linie auf Balance Pad	Sätze: 3 Satzpausen: 15 Sek. Belastungsdauer: 45Sek. Häufigkeit/Woche: 2
Ausfallschritt auf Balancepad geöffnete Augen (Material: Balance Pad)	Ein Fuß auf Balance Pad, das andere auf dem Boden, Ausfallschritt (hinteres Bein auf Boden gestreckt, Vorderes leicht gebeugt)	Sätze: 3 (rechts/links) Satzpausen: 15 Sek. Belastungsdauer: 45Sek. Häufigkeit/Woche: 2
Ausfallschritt auf Balancepad, Bein anziehen (Material: Balance Pad)	Ausgangsstellung Übung 3, hinteres Bein hochziehen (Knie- und Hüftgelenk in 90° angehoben halten	Sätze: 3 (rechts/links) Satzpausen: 15 Sek. Belastungsdauer:5x 5 Sek. Häufigkeit/Woche: 2
Einbeinstand auf Balancepad, geschlossene Augen (Material: Balance Pad)	Ein Fuß auf Balance Pad, anderes Bein (Knie- und Hüftgelenk 90°Flexion) an Körper ranziehen	Sätze: 3(rechts/links) Satzpausen: 15 Sek. Belastungsdauer: 15 Sek. Häufigkeit/Woche: 2
Einbeinstand offene Augen, Schwingen Bein (Material: Balance Pad)	Ein Fuß auf Balance Pad, anderes Bein (Knie- und Hüftgelenk 90°Flexion) an Körper ranziehen, Bein vor- und zurückschwingen	Sätze: 3 (rechts/links) Satzpausen: 15 Sek. Belastungsdauer: 15 Sek. Häufigkeit/Woche: 2

Einbeinstand geschlossene Augen, Schwingen Bein (Material: Balance Pad)	Ein Fuß auf Balance Pad, anderes Bein (Knie- und Hüftgelenk 90°Flexion) an Körper ranziehen, Bein vor- und zurückschwingen	Sätze: 3 (rechts/links) Satzpausen: 15 Sek. Belastungsdauer: 15 Sek. Häufigkeit/Woche: 2
Einbeinstand offene Augen, Rotation mit Gymnastikball (Material: Balance Pad, Gymnastikball)	Ein Fuß auf Balance Pad, anderes Bein (Knie- und Hüftgelenk 90°Flexion) an Körper ranziehen, Ellenbogen Extension, Schultergelenk Anteversion, Ball in Händen, Rotation Wirbelsäule	Sätze: 3 (rechts/links) Satzpausen: 15 Sek. Belastungsdauer: 5 Wiederholungen Häufigkeit/Woche: 2
Einbeinstand geschlossene Augen Rotation mit Gymnastikball (Material: Balance Pad, Gymnastikball)	Ein Fuß auf Balance Pad, anderes Bein (Knie- und Hüftgelenk 90°Flexion) an Körper ranziehen, Ellenbogen Extension, Schultergelenk Anteversion, Ball in Händen, Rotation Wirbelsäule	Sätze: 3 (rechts/links) Satzpausen: 15 Sek. Belastungsdauer: 5 Wiederholungen Häufigkeit/Woche: 2
Einbeinstand geschlossene Augen Rotation mit Gymnastikball, Partner stubst Probandin an (Material: Balance Pad, Gymnastikball, Partner)	Ein Fuß auf Balance Pad, anderes Bein (Knie- und Hüftgelenk 90°Flexion) an Körper ranziehen, Ellenbogen Extension, Schultergelenk Anteversion, Ball in Händen, Rotation Wirbelsäule, Partner stubst Probandin an → Gleichgewicht halten	Sätze: 3 (rechts/links) Satzpausen: 15 Sek. Belastungsdauer: 15 Sekunden Häufigkeit/Woche: 2

Gleichgewichtsfähigkeit „ist die Fähigkeit, bei labilen Verhältnissen den Schwerkraftsanforderungen adäquat zu entsprechen" (Gabriel, Wick, Puta, 2014, S. 59). Diese Fähigkeit ist immer ein Zusammenspiel von Muskel, Nervensystem, Psyche und Weichteilen. (Gabriel, Wick, Puta, 2014, S. 59)

Die erste Übungen gilt vor allem der Propriozeption. Bei dieser geht es unter anderem über den Stellungssinn der Winkelstellung der Gelenke und der entsprechende Haltung der Gliedmaßen. Es wird der Bewegungssinn, also über eine Änderung der Gelenkstellung geschult, ebenso über die Geschwindigkeit. Der Kraftsinn gibt Signale über das Ausmaß der Muskelkraft (Häfelinger & Schuba, 2007, S. 37). Es ist wichtig erst einmal mit einer propriozeptiven Aufgabe zu beginnen, denn „Gleichgewichtssinn entsteht aus der Integration der Information des vestibulären Systems, der Propriozeption und des Sehens" (Bertram, Laube, 2008, S. 20). Der kurze Fuß nach Janda (Janda & Vavrova, 1996) führt dazu, dass sie Sensoren der Fußsohle die Fußmuskulatur aktivieren (Gabriel, Wick, Puta, 2014, S. 59)

Es wurden in den nachfolgenden Übungen methodische Grundsätze beachtet: Vom Bekannten zum Unbekannten, vom Leichten zum Schwierigen (von statisch zu dynamisch, stabil zu instabil, offene zu geschlossene Augen, langsame zu schnelle Bewegungsausführung, einfach zu komplex, ohne und mit Partner) (Häfelinger & Schuba, 2013, S.85). Wichtig ist, Barfuß zu arbeiten, vielseitige sensorische und motorische Aufgaben, instabile Unterlagen vom Leichten zum Schweren einsetzen, sowie Zusatzaufgaben, die von der eigentlichen Gleichgewichtsaufgabe ablenken. (Gabriel, Wick, Puta, 2014, S. 59)

Auch das Belastungsgefüge hinsichtlich der Häufigkeit pro Woche (2x) ist laut Rogan, Baur, Sargent, Schori, Taeymans (2014, S. 135) notwedig, um Erfolge im Koordinationstraining nachzuweisen.

Der erste Schritt, um eine schwierigere Variation einzubringen, ist, zwei verschiedene Untergründe zu nutzen. Daraufhin wird eine veränderte Ausgangsstellung hinzugenommen (eine andere Extremitätenstellung oder eine Vorlage). Durch die geschlossenen Augen wird die Informationsaufnahme verändert und es kommen Zusatzaufgaben hinzu wie z.b. die Ausführung einer Übung mit dem Bein oder einer Hinzunahme eines Balls. Neue Druckbelastungen werden in das Programm eingebaut. Organisationsdruck spielt beispielsweise bei Aufgabe acht bis zehn eine große Rolle.

Bei statischen Übungen wird die Spannung zwischen fünf und fünfzehn Sekunden gehalten. Eine Ausnahme ist die erste Übung, da dort erstmals eine Gewöhnung an das Balance Pad durchgeführt wird. Bei den dynamischen Übungen werden fünf Wiederholungen ausgeführt; die Übungen werden im Wechsel fünf Übungen rechts und fünf Übungen links trainiert. Die Pausendauer richtet sich nach der Übungsintensität und variiert zwischen den empfohlenen 10 Sek. und 2 Min. (Häfelinger & Schuba, 2013, S.100-101). Durch das Dressurreiten wird in der Anamnese festgestellt, dass die Kundin bereits gute koordinative Fähigkeiten hat, wodurch eine schnelle Steigerung in einer Koordinationseinheit im Bezug auf das Gleichgewichtstraining erwartet werden kann.

5   Literaturrecherche

Tab. 16: Vergleich zweier Studien, Effekte des Dehnens auf eine Verbesserung der sportlichen Leistungsfähigkeit (modifiziert nach Wiemann & Klee, 1992; Strauß & Wydra, 2010, S 35-39)

Titel	Muskeldehnung zur Leistungsverbesserung im Sprint	Untersuchungen zum Einfluss von statischem Dehnen auf die Wurfgeschwindigkeit im Handball
Autor	Wiemann, K., Klee, A.	Strauß, T. Wydra, G.
Publikationsjahr	1992	2010
Versuchspersonen	32 männliche Studierende des Faches Sport	63 Handballspieler, 27 Spieler: aktive Herrenmannschaft mittlerer und hoher Ligen; 36

Versuchspersonen		Spieler:männliche Jugenkadern, freiwillige Teilnahme
Versuchsaufbau	- Leistungsbestimmende Muskeln für den Sprint: Hüftstreckmuskel: M. glutaeus maximus, Mm. ischiocrurales, M. adductor magnus, Hüftbeuger: M. iliopsoas, M. rectus femoris, M. sartorius (drei Dehnübungen für Hüftstrecker/ drei für Hüftbeuger) An der 5m Marke, sowie 40m Marke waren Infrarot-Doppellichtschranken mit digitaler Zeitmessung (1/1000s genau) + 15m Auslaufzone 1. Vortest: nach 15 min dauerndem Aufwärmprogramm ohne Dehnübungen zwei Kurzsprints im Abstand von 5 Minuten NACH Vortest EINES der genannten Programme → 15 Min dauerndes Dehnprogramm Hüftbeugemuskulatur (DB) → 15 Min dauerndes Dehnprogramm Hüftstreckermuskulatur (DS) → 15 Minuten dauerndes leichtes Dauerlaufen (L) 2. Nachtest: zwei Kurzsprints unter gleichen Bedingungen wie im Vortest	- abhängige Variable Wurfgeschwindigkeit beim Schlagwurf im Handball wurde mit Hilfe der SpeedTrac X Radargun der Firma Astro Products gemessen - das Messgerät wurde hinter einem Handballtor im Abstand von 2 m hinter der Torlinie auf dem Boden aufgestellt. Der Werfer befand sich 6 m von dem Messgerät entfernt. Um Messfehler zu minimieren, wurde im Tor ein Reifen aufgehängt (Durchmesser 1,5 m), den der Ball passieren musste - Dehnprogramm für die oberen Extremitäten → vier Dehnübungen für die am Wurf beteiligte Muskulatur: horizontale Adduktoren, Ellenbogenstrecker und Palmarflexoren - Kontrollgruppe: 3 Minuten Wartzeit ohne Aktivität Weitere Untersuchungstermine: Absoliveren des standardisierten Aufwärmprogramm + Vortest (3 Würfe) → Anschluss: entweder das Dehnprogramm durch (Experimentalbedingungen) oder drei minütige Pause (Kontrollbedingungen), vor dem Nachtest (3 gemessene Würfe) - die Durchführung erfolgte an zwei unterschiedlichen, nicht aufeinander folgenden Tagen - die Reihenfolge, welche Bedingung zuerst durchzuführen war, wurde für jede Versuchsperson zufällig bestimmt (Randomisierung)
Relevante Ergebnisse und Schlussfolgerungen	Hauptergebnis: erhöhte Sprintzeiten (=geringere Sprintgeschwindigkeit) in allen drei Gruppen im Nachtest gegenüber des Vortests - DB und DS: Minimalzeit verschlechterte sich, L. Minimalzeit gleich - DB und DS: 1. und 2. Lauf Vortest Unterschied längere Sprinzeit, 1. und 2. Nachtest miminal längere Sprunzeit, Vortest insgesamt signifikant kürzere Sprintzeit als im Nachtest - L: 1. und 2.Vortest: 2 Vortest signifikant längere Sprintzeit, 1. und 2. Nachtest: ähnlich, Vergleich Vor- und Nachtest: 1. Nachtest signifikant kürzere Sprintzeit als im Vortest Schlussfolgerung: Sprintexperiment kann die erwartete Leistungsverbesserung durch AC-Stretching nicht bestätigen, eher Verschlechterung der Sprintleistung vom 2. Lauf des Vortest zum 1. Lauf des Nachtests, evlt. Gründe: Ermüdung durch intensives 15 minütiges Dehntraining	- Änderung der Wurfgeschwindigkeit ist im Vergleich zum Vortest (gemessen an der Streuung der Daten) sehr gering - Jugendspieler: Wurfgeschwindigkeit nach dem Dehntreatment verringert - Netto-Effekt (Differenz zwischen Nach- und Vortest) ist negativ - Kontrollbedingungen: höhere Wurfgeschwindigkeit beim Nachtest vs. Vortest - Herren: nach dem Dehntreatment und Kontrollbedingungen eine Steigerung der Wurfgeschwindigkeit beim Nachtest - keine signifikanten Unterschiede zwischen den Bedingungen (Treatment/Kontrolle), wenn man die Ergebnisse von Vor- und Nachtest aller Altersklassen mittelt - Herren verändern ihre Wurfgeschwindigkeit von Vor- zu Nachtest mehr als die Jugendspieler - Wurfgeschwindigkeit in Vor- und Nachtest unterscheidet sich nicht zwischen den verschiedenen Bedingungen Schlussfolgerung: kein negativer Effekt vom statischem Dehnen auf die Wurfgeschwindigkeit beim Schlagwurf im Handball festgestellt, keine Leistungseinbußung bei Jugend und Herren

6   Literaturverzeichnis

Albrecht, K. & Meyer, S. (2015). *Stretching und Beweglichkeit. Das neue Expertenhandbuch* (3. überarbeitete Aufl.). Stuttgart: Karl F. Haug.

Anderson, B. (1980, 1989). *Stretching.* Felicitas Hübner Verlag

Bakk, F. (2008). *Evaluation der Gleichgewichtsfähigkeit mittels des Testsystems Posturomed.* Magisterarbeit, University of Vienna. Wien.

Bertram, A. M. & Laube, W. (2008). *Sensomotorische Koordination: Gleichgewichtstraining auf dem Kreisel.* Georg Thieme Verlag KG: Stuttgart.

Corbin, C. B., & Noble, L. (1980). Flexibility. a major component of physical fitness. *Journal of Physical Education Recreation, 6,* 23-60

Dahm, Valeria (2016). *Ruhepuls.* Zugriff am 18.12.2017. Verfügbar unter: http://www. netdoktor.de/diagnostik/puls-puls/#/welcher-puls-ist-normal.

Freiwald, J. (2004). *Dehnen – Legende, Faken, Vortrag.* Waldenburg.

Gabriel, H., Wick, C., Puta, C. (2014). *Kompontenten präventiven Gesundheitstraining – Ausdauer, Kraft, Beweglichkeit, Koordination.* Sport in der Prävention. Köln: Deutscher Ärzteverlag.

Gallagher, D., Heymsfield, S.B., Heo, M. et al (2000). Healthy percentage body fat ranges: an approach for developing guidelines based on body mass index. *Am. J. Clin. Nutr. 72 (3),* 694-701.

Grosser, M. (1972). *Die Zweckgymnastik des Leichtathleten.* Schorndorf: Hofmann.

Häfelinger, U. & Schuba, V. (2013). *Koordinationstherapie – Propriozeptives Training* (6. Aufl.). Aachen: Meyer & Meyer.

Hardy, L. & Jones, D. (1986). Dynamic flexibility and proprioceptive neuromuscular facilitation. *Research Quarterly for Exercise and Sport, 57 (2),* 150–153

Höss-Jelten, C. (2003). *Untersuchungen zu den unmittelbaren Wirkungen verschiedener Dehnmethoden auf ausgewählte Kraftparameter.* Dissertation, Technische Universität München. München.

Janda, V. (2000). *Manuelle Muskelfunktionsdiagnostik* (4. Aufl.). München: Urban & Fischer.

Janda, V., Vavovra, M. (1996). *Sensory Motor Stimulation.* Liebenson C. (Ed.) Rehabilitation of Spine: a practioner's manual, Vol. 1. Williamns & Wilkins Baltimore.

Jordan, A. & Schwichtenberg, M. (2005). *Kräftigen und Dehnen* (2. Aufl.). Aachen: Meyer & Meyer.

Lenz, M., Richter, T. & Mühlhauser, I. (2009). Morbidität und Mortalität bei Übergewicht und Adipositas im Erwachsenenalter. *Deutsches Ärzteblatt 106* (40), 641.

Lindel, K. (2006). *Muskeldehnung – Grundlagen, Differenzialdiagnosik, Therapeutische Dehnung, Eigendehnung, Sehen – Verstehen – Üben – Anwenden.* Grundlagen der Muskeldehnung. Springer Verlag.

Rancour, J., Holmes C. F. & Cipriani, D.J. (2009). The effects on intermittent stretching following a4-week satic stretching protocol: a randomized trial. *Journal of strength and condition research / National Strength & Condition Association, 23* (8), 2217-2222.

Rogan, S., Baur, H., Sargent, A., Schori, M. & Taeymans J. (2014). *Machbarkeit eines Gleichgewichtstrainings auf Matten bei gesunden, moderat sportlichen Frauen im Alter – Eine Pilotstudie.* Berlin Heidelberg: Springer Verlag.

Sampel K.., Stolz V. & Zisch, B. (2007). *Dehnübungen.* Spezielle Haltungsprophylaxe.

Schnabel, G., Harre, D., Krug, J., Borde, A. (2005). *Trainingswissenschaft – Leistung·Training·Wettkampf.* München: Südwest Verlag.

Schönthaler S. R. & Ohlendorf, K. (2002) *Biomechanische und neurophysiologische Veränderung nach ein- und mehrfach seriellem passiv-statischem Beweglichkeitstraining.* (Wissenschaftliche Berichte und Materialien / Bundesinstitut für Sportwissenschaft, 1. Aufl.) Köln: Sport und Buch Strauß.

Strauß, T. & Wydra, G. (2010). Untersuchungen zum Einfluss von statischem Dehnen auf die Wurfgeschwindigkeit im Handball. *Leistungssport, 40(6),* 35 - 39.

World Health Organization (2015). *Q&As on hypertension.* Zugriff am 18.12.2017 Verfügbar unter: http://www.who.int/features/qa/82/en/.

Wiemann, K. & Klee, Andreas (1992). *Muskeldehnung zur Leistungsverbesserung im Sprint.* Bundesinstitut für Sportwissenschaft (Hrsg.): Sportwissenschaftliche Forschungsprojekte. Köln: Selbstverlag.

Wydra, G. & Glück, S. (1999). Kurzfristige Effekte verschiedener singulärer Muskeldehnungen. *Deutsche Zeitschrift für Sportmedizin 50*, 10 – 16.

7 Abbildungs- und Tabellenverzeichnis

7.1 Tabellenverzeichnis